Garcilaso de la Vega

Canciones

Barcelona 2024
Linkgua-ediciones.com

Créditos

Título original: Canciones.

© 2023, Red ediciones S.L.

e-mail: info@linkgua.com

Diseño de cubierta: Michel Mallard.

ISBN rústica: 978-84-9816-865-5.
ISBN ebook: 978-84-9897-799-8.

Cualquier forma de reproducción, distribución, comunicación pública o transformación de esta obra solo puede ser realizada con la autorización de sus titulares, salvo excepción prevista por la ley. Diríjase a CEDRO (Centro Español de Derechos Reprográficos, www.cedro.org) si necesita fotocopiar, escanear o hacer copias digitales de algún fragmento de esta obra.

Sumario

Créditos	4
Brevísima presentación	7
La vida	7
Canción I	9
Canción II	13
Canción III	17
Canción IV	21
Canción V	27
Libros a la carta	33

Brevísima presentación

La vida
Garcilaso de la Vega (Toledo, 1501-Niza, 1536). España. Miembro de la nobleza, intervino desde joven en la política de Castilla y en 1519 entró en el ejército de Carlos V. Combatió contra los comuneros en la batalla de Olías (1521) y participó, junto con su amigo Juan Boscán, en una fracasada expedición contra los turcos (1522) a Rodas. Tras enfrentarse en Navarra a los franceses, fue nombrado caballero de Santiago y se casó con Elena de Zúñiga. Poco después conoció a la portuguesa Isabel Freyre, su gran amor imposible, quien inspiró la mayor parte de sus poemas, y cuyo matrimonio con otro hombre lo deprimió. Viajó a Italia por primera vez en 1529, recorrió varios países europeos y fue desterrado a una isla del Danubio por asistir a la boda secreta de su sobrino, no autorizada por el rey. (Este episodio es referido en «su Canción III».) Fue perdonado gracias al duque de Alba, entonces vivió en Nápoles y participó en la expedición imperial contra los turcos de Túnez.

En las canciones de Garcilaso prevalecen como temas principales la muerte, la guerra y el amor; y se hace referencia a mitos como el de Tántalo, Venus y Marte.

Canción I

1.   Si a la región desierta, inhabitable
    por el hervor del Sol demasiado
    y sequedad d'aquella arena ardiente,
    o a la que por el hielo congelado
    y rigurosa nieve es intratable,   5
    del todo inhabitada de la gente,
    por algún accidente
    o caso de fortuna desastrada
    me fuésedes llevada,
    y supiese que allá vuestra dureza   10
    estaba en su crueza,
    allá os iría a buscar como perdido,
    hasta morir a vuestros pies tendido.

2.   Vuestra soberbia y condición esquiva
    acabe ya, pues es tan acabada   15
    la fuerza de en quien ha d'ejecutarse;
    mirá bien qu'el amor se desagrada
    deso, pues quiere qu'el amante viva
    y se convierta adó piense salvarse.
    El tiempo ha de pasarse,   20
    y de mis males arrepentimiento,
    confusión y tormento
    sé que os ha de quedar, y esto recelo,
    que aunque de mí me duelo,
    como en mí vuestros males son d'otra arte,   25
    duélenme en más sensible y tierna parte.

3.   Así paso la vida acrecentando

materia de dolor a mis sentidos,
como si la que tengo no bastase,
los cuales para todo están perdidos   30
sino para mostrarme a mí cuál ando.
Pluguiese a Dios que aquesto aprovechase
para que yo pensase
un rato en mi remedio, pues os veo
siempre con un deseo   35
de perseguir al triste y al caído:
yo estoy aquí tendido,
mostrándoos de mi muerte las señales,
y vos viviendo solo de mis males.

4. Si aquella amarillez y los suspiros   40
    salidos sin licencia de su dueño,
    si aquel hondo silencio no han podido
    un sentimiento grande ni pequeño
    mover en vos que baste a convertiros
    a siquiera saber que soy nacido,   45
    baste ya haber sufrido
    tanto tiempo, a pesar de lo que basto,
    que a mí mismo contrasto,
    dándome a entender que mi flaqueza
    me tiene en la estrecheza   50
    en que estoy puesto, y no lo que yo entiendo:
    así que con flaqueza me defiendo.

5. Canción, no has de tener
    conmigo ya que ver en malo o en bueno;
    trátame como ajeno,   55
    que no te faltará de quien lo aprendas.
    Si has miedo que m'ofendas,

no quieras hacer más por mi derecho
de lo que hice yo, qu'el mal me he hecho.

Canción II

1. La soledad siguiendo,
    rendido a mi fortuna,
    me voy por los caminos que se ofrecen,
    por ellos esparciendo
    mis quejas d'una en una   5
    al viento, que las lleva do perecen.
    Pues todas no merecen
    ser de vos escuchadas,
    ni sola un hora oídas,
    he lástima de que van perdidas   10
    por donde suelen ir las remediadas;
    a mí se han de tornar,
    adonde para siempre habrán d'estar.

2. Mas ¿qué haré, señora,
    en tanta desventura?   15
    ¿A dónde iré si a vos no voy con ella?
    ¿De quién podré yo ahora
    valerme en mi tristura
    si en vos no halla abrigo mi querella?
    Vos sola sois aquélla   20
    con quien mi voluntad
    recibe tal engaño
    que, viéndoos holgar siempre con mi daño,
    me quejo a vos como si en la verdad
    vuestra condición fuerte   25
    tuviese alguna cuenta con mi muerte.

3. Los árboles presento,

    entre las duras peñas,
    por testigo de cuanto os he encubierto;
    de lo que entre ellas cuento 30
    podrán dar buenas señas,
    si señas pueden dar del desconcierto.
    Mas ¿quién tendrá concierto
    en contar el dolor,

    qu'es de orden enemigo? 35
    No me den pena por lo que ora digo,
    que ya no me refrenará el temor:
    ¡quién pudiese hartarse
    de no esperar remedio y de quejarse!

4. Mas esto me es vedado 40
    con unas obras tales
    con que nunca fue a nadie defendido,
    que si otros han dejado
    de publicar sus males,
    llorando el mal estado a que han venido, 45
    señora, no habrá sido
    sino con mejoría
    y alivio en su tormento;
    mas ha venido en mí a ser lo que siento
    de tal arte que ya en mi fantasía 50
    no cabe, y así quedo
    sufriendo aquello que decir no puedo.

5. Si por ventura extiendo
    alguna vez mis ojos
    por el proceso luengo de mis daños, 55
    con lo que me defiendo

        de tan grandes enojos
        solamente es, allí, con mis engaños;
        mas vuestros desengaños
        vencen mi desvarío   60
        y apocan mis defensas,
        sin yo poder dar otras recompensas
        sino que, siendo vuestro más que mío,
        quise perderme así
        por vengarme de vos, señora, en mí.   65

6.   Canción, yo he dicho más que me mandaron
        y menos que pensé;
        no me pregunten más, que lo diré.

Canción III

1.   Con un manso ruido
    d'agua corriente y clara
    cerca el Danubio una isla que pudiera
    ser lugar escogido
    para que descansara   5
    quien, como estó yo agora, no estuviera:
    do siempre primavera
    parece en la verdura
    sembrada de las flores;
    hacen los ruiseñores   10
    renovar el placer o la tristura
    con sus blandas querellas,
    que nunca, día ni noche, cesan dellas,

2.   Aquí estuve yo puesto,
    o por mejor decillo,   15
    preso y forzado y solo en tierra ajena;
    bien pueden hacer esto
    en quien puede sufrillo
    y en quien él a sí mismo se condena.
    Tengo sola una pena,   20
    si muero desterrado
    y en tanta desventura:
    que piensen por ventura
    que juntos tantos males me han llevado,
    y sé yo bien que muero   25
    por solo aquello que morir espero.

3.   El cuerpo está en poder

y en mano de quien puede
hacer a su placer lo que quisiere,
mas no podrá hacer 30
que mal librado quede
mientras de mí otra prenda no tuviere;
cuando ya el mal viniere
y la postrera suerte,
aquí me ha de hallar 35
en el mismo lugar,
que otra cosa más dura que la muerte
me halla y me ha hallado,
y esto sabe muy bien quien lo ha probado.

4. No es necesario agora 40
 hablar más sin provecho,
 que es mi necesidad muy apretada,
 pues ha sido en una hora
 todo aquello deshecho
 en que toda mi vida fue gastada. 45
 Y al fin de tal jornada
 ¿presumen d'espantarme?
 Sepan que ya no puedo
 morir sino sin miedo,
 que aun nunca qué temer quiso dejarme 50
 la desventura mía,
 qu'el bien y el miedo me quitó en un día.

5. Danubio, río divino,
 que por fieras naciones
 vas con tus claras ondas discurriendo, 55
 pues no hay otro camino
 por donde mis razones

        vayan fuera d'aquí sino corriendo
        por tus aguas y siendo
        en ellas anegadas,   60
        si en tierra tan ajena,
        en la desierta arena,
        d'alguno fueren a la fin halladas,
        entiérrelas siquiera
        porque su error s'acabe en tu ribera.   65

6.   Aunque en el agua mueras,
        canción, no has de quejarte,
        que yo he mirado bien lo que te toca;
        menos vida tuvieras
        si hubiera de igualarte   70
        con otras que se m'han muerto en la boca,
        Quién tiene culpa en esto,
        allá lo entenderás de mí muy presto.

Canción IV

1. El aspereza de mis males quiero
   que se muestre también en mis razones,
   como ya en los efetos s'ha mostrado;
   lloraré de mi mal las ocasiones,
   sabrá el mundo la causa porque muero,   5
   y moriré a lo menos confesado,
   pues soy por los cabellos arrastrado
   de un tan desatinado pensamiento
   que por agudas peñas peligrosas,
   por matas espinosas,   10
   corre con ligereza más que el viento,
   bañando de mi sangre la carrera.
   Y para más despacio atormentarme,
   llévame alguna vez por entre flores,
   adó de mis tormentos y dolores   15
   descanso y dellos vengo a no acordarme;
   mas él a más descanso no me espera:
   antes, como me ve desta manera,
   con un nuevo furor y desatino
   torna a seguir el áspero camino.   20

2. No vine por mis pies a tantos daños:
   fuerzas de mi destino me trajeron
   y a la que m'atormenta m'entregaron.
   Mi razón y juicio bien creyeron
   guardarme como en los pasados años   25
   d'otros graves peligros me guardaron,
   mas cuando los pasados compararon
   con los que venir vieron, no sabían

lo que hacer de sí ni dó meterse,
que luego empezó a verse 30
la fuerza y el rigor con que venían.
Mas de pura vergüenza constreñida,
con tardo paso y corazón medroso
al fin ya mi razón salió al camino;
cuanto era el enemigo más vecino, 35
tanto más el recelo temeroso
le mostraba el peligro de su vida;
pensar en el dolor de ser vencida
la sangre alguna vez le calentaba,
mas el mismo temor se la enfriaba. 40

3. Estaba yo a mirar, y peleando
en mi defensa, mi razón estaba
cansada y en mil partes ya herida,
y sin ver yo quien dentro me incitaba
ni saber cómo, estaba deseando 45
que allí quedase mi razón vencida;
nunca en todo el proceso de mi vida
cosa se me cumplió que desease
tan presto como aquésta, que a la hora
se rindió la señora 50
y al siervo consintió que gobernase
y usase de la ley del vencimiento.
Entonces yo sentíme salteado
d'una vergüenza libre y generosa;
corríme gravemente que una cosa 55
tan sin razón hubiese así pasado;
luego siguió el dolor al corrimiento
de ver mi reino en mano de quien cuento,
que me da vida y muerte cada día,

      y es la más moderada tiranía.   60

4.   Los ojos, cuya lumbre bien pudiera
      tornar clara la noche tenebrosa
      y oscurecer el Sol a mediodía,
      me convirtieron luego en otra cosa,
      en volviéndose a mí la vez primera   65
      con la calor del rayo que salía
      de su vista, qu'en mí se difundía;
      y de mis ojos la abundante vena
      de lágrimas, al Sol que me inflamaba,
      no menos ayudaba   70
      a hacer mi natura en todo ajena
      de lo que era primero. Corromperse
      sentí el sosiego y libertad pasada,
      y el mal de que muriendo estó engendrarse,
      y en tierra sus raíces ahondarse   75
      tanto cuanto su cima levantada
      sobre cualquier altura hace verse;
      el fruto que d'aquí suele cogerse
      mil es amargo, alguna vez sabroso,
      mas mortífero siempre y ponzoñoso.   80

5.   De mí agora huyendo, voy buscando
      a quien huye de mí como enemiga,
      que al un error añado el otro yerro,
      y en medio del trabajo y la fatiga
      estoy cantando yo, y está sonando   85
      de mis atados pies el grave hierro.
      Mas poco dura el canto si me encierro
      acá dentro de mí, porque allí veo
      un campo lleno de desconfianza:

muéstrame l'esperanza 90
de lejos su vestido y su meneo,
mas ver su rostro nunca me consiente;
torno a llorar mis daños, porque entiendo
que es un crudo linaje de tormento
para matar aquel que está sediento 95
mostralle el agua por que está muriendo,
de la cual el cuitado juntamente
la claridad contempla, el ruido siente,
mas cuando llega ya para bebella,
gran espacio se halla lejos della. 100

6.   De los cabellos de oro fue tejida
la red que fabricó mi sentimiento,
do mi razón, revuelta y enredada,
con gran vergüenza suya y corrimiento,
sujeta al apetito y sometida, 105
en público adulterio fue tomada,
del cielo y de la tierra contemplada.
Mas ya no es tiempo de mirar yo en esto,
pues no tengo con qué considerallo,
y en tal punto me hallo 110
que estoy sin armas en el campo puesto,
y el paso ya cerrado y la huida.
¿Quién no se espantará de lo que digo?,
qu'es cierto que he venido a tal extremo
que del grave dolor que huyo y temo 115
me hallo algunas veces tan amigo
que en medio d'él, si vuelvo a ver la vida
de libertad, la juzgo por perdida,
y maldigo las horas y momentos
gastadas mal en libres pensamientos. 120

7. No reina siempre aquesta fantasía,
    que en imaginación tan variable
    no se reposa un hora el pensamiento:
    viene con un rigor tan intratable
    a tiempos el dolor que al alma mía   125
    desampara, huyendo, el sufrimiento.
    Lo que dura la furia del tormento,
    no hay parte en mí que no se me trastorne
    y que en torno de mí no esté llorando,
    de nuevo protestando   130
    que de la vía espantosa atrás me torne.
    Esto ya por razón no va fundado,
    ni le dan parte dello a mi juicio,
    que este discurso todo es ya perdido,
    mas es en tanto daño del sentido   135
    este dolor, y en tanto perjuicio,
    que todo lo sensible atormentado,
    del bien, si alguno tuvo, ya olvidado
    está de todo punto, y solo siente
    la furia y el rigor del mal presente.   140

8. En medio de la fuerza del tormento
    una sombra de bien se me presenta,
    do el fiero ardor un poco se mitiga:
    figúraseme cierto a mí que sienta
    alguna parte de lo que yo siento   145
    aquella tan amada mi enemiga
    (es tan incomportable la fatiga
    que si con algo yo no me engañase
    para poder llevalla, moriría
    y así me acabaría   150

sin que de mí en el mundo se hablase),
así que del estado más perdido
saco algún bien. Mas luego en mí la suerte
trueca y revuelve el orden: que algún hora
si el mal acaso un poco en mí mejora,   155
aquel descanso luego se convierte
en un temor que m'ha puesto en olvido
aquélla por quien sola me he perdido,
y así del bien que un rato satisface
nace el dolor que el alma me deshace.   160

9.   Canción, si quien te viere se espantare
de la instabilidad y ligereza
y revuelta del vago pensamiento,
estable, grave y firme es el tormento,
le di, qu'es causa cuya fortaleza   165
es tal que cualquier parte en que tocare
la hará revolver hasta que pare
en aquel fin de lo terrible y fuerte
que todo el mundo afirma que es la muerte.

Canción V

ODE AD FLOREM GNIDI

1. Si de mi baja lira
   tanto pudiese el son que en un momento
   aplacase la ira
   del animoso viento
   y la furia del mar y el movimiento,   5

2. y en ásperas montañas
   con el suave canto enterneciese
   las fieras alimañas,
   los árboles moviese
   y al son confusamente los trajiese: 10

3. no pienses que cantado
   sería de mí, hermosa flor de Gnido,
   el fiero Marte airado,
   a muerte convertido,
   de polvo y sangre y de sudor teñido,   15

4. ni aquellos capitanes
   en las sublimes ruedas colocados,
   por quien los alemanes
   el fiero cuello atados,
   y los franceses van domesticados;   20

5. mas solamente aquella
   fuerza de tu beldad sería cantada,
   y alguna vez con ella

| | también sería notada
el aspereza de que estás armada, | 25 |

6. y cómo por ti sola
y por tu gran valor y hermosura,
convertido en viola,
llora su desventura
el miserable amante en tu figura. 30

7. Hablo d'aquel cativo
de quien tener se debe más cuidado,
que 'stá muriendo vivo,
al remo condenado,
en la concha de Venus amarrado. 35

8. Por ti, como solía,
del áspero caballo no corrige
la furia y gallardía,
ni con freno la rige,
ni con vivas espuelas ya l'aflige; 40

9. por ti con diestra mano
no revuelve la espada presurosa,
y en el dudoso llano
huye la polvorosa
palestra como sierpe ponzoñosa; 45

10. por ti su blanda musa,
en lugar de la cítara sonante,
tristes querellas usa
que con llanto abundante
hacen bañar el rostro del amante; 50

11. por ti el mayor amigo
     l'es importuno, grave y enojoso:
     yo puedo ser testigo,
     que ya del peligroso
     naufragio fui su puerto y su reposo,   55

12. y agora en tal manera
     vence el dolor a la razón perdida
     que ponzoñosa fiera
     nunca fue aborrecida
     tanto como yo dél, ni tan temida.   60

13. No fuiste tú engendrada
     ni producida de la dura tierra;
     no debe ser notada
     que ingratamente yerra
     quien todo el otro error de sí destierra.   65

14. Hágate temerosa
     el caso de Anajárete, y cobarde,
     que de ser desdeñosa
     se arrepentió muy tarde,
     y así su alma con su mármol arde.   70

15. Estábase alegrando
     del mal ajeno el pecho empedernido
     cuando, abajo mirando,
     el cuerpo muerto vido
     del miserable amante allí tendido,   75

16. y al cuello el lazo atado

        con que desenlazó de la cadena
        el corazón cuitado,
        y con su breve pena
        compró la eterna punición ajena.   80

17.   Sentió allí convertirse
        en piedad amorosa la aspereza.
        ¡Oh tarde arrepentirse!
        ¡Oh última terneza!
        ¿Cómo te sucedió mayor dureza?   85

18.   Los ojos s'enclavaron
        en el tendido cuerpo que allí vieron;
        los huesos se tornaron
        más duros y crecieron
        y en sí toda la carne convirtieron;   90

19.   las entrañas heladas
        tornaron poco a poco en piedra dura;
        por las venas cuitadas
        la sangre su figura
        iba desconociendo y su natura,   95

20.   hasta que finalmente,
        en duro mármol vuelta y transformada,
        hizo de sí la gente
        no tan maravillada
        cuanto de aquella ingratitud vengada.   100

21.   No quieras tú, señora,
        de Némesis airada las saetas
        probar, por Dios, agora;

            baste que tus perfetas
            obras y hermosura a los poetas   105

22.   den inmortal materia,
            sin que también en verso lamentable
            celebren la miseria
            d'algún caso notable
            que por ti pase, triste, miserable.   110

Libros a la carta

A la carta es un servicio especializado para
empresas,
librerías,
bibliotecas,
editoriales
y centros de enseñanza;
y permite confeccionar libros que, por su formato y concepción, sirven a los propósitos más específicos de estas instituciones.
Las empresas nos encargan ediciones personalizadas para marketing editorial o para regalos institucionales. Y los interesados solicitan, a título personal, ediciones antiguas, o no disponibles en el mercado; y las acompañan con notas y comentarios críticos.
Las ediciones tienen como apoyo un libro de estilo con todo tipo de referencias sobre los criterios de tratamiento tipográfico aplicados a nuestros libros que puede ser consultado en Linkgua-ediciones.com.
Linkgua edita por encargo diferentes versiones de una misma obra con distintos tratamientos ortotipográficos (actualizaciones de carácter divulgativo de un clásico, o versiones estrictamente fieles a la edición original de referencia).
Este servicio de ediciones a la carta le permitirá, si usted se dedica a la enseñanza, tener una forma de hacer pública su interpretación de un texto y, sobre una versión digitalizada «base», usted podrá introducir interpretaciones del texto fuente. Es un tópico que los profesores denuncien en clase los desmanes de una edición, o vayan comentando errores de interpretación de un texto y esta es una solución útil a esa necesidad del mundo académico.

Asimismo publicamos de manera sistemática, en un mismo catálogo, tesis doctorales y actas de congresos académicos, que son distribuidas a través de nuestra Web.
El servicio de «libros a la carta» funciona de dos formas.
1. Tenemos un fondo de libros digitalizados que usted puede personalizar en tiradas de al menos cinco ejemplares. Estas personalizaciones pueden ser de todo tipo: añadir notas de clase para uso de un grupo de estudiantes, introducir logos corporativos para uso con fines de marketing empresarial, etc. etc.
2. Buscamos libros descatalogados de otras editoriales y los reeditamos en tiradas cortas a petición de un cliente.

www.ingramcontent.com/pod-product-compliance
Lightning Source LLC
Chambersburg PA
CBHW031508040426
42444CB00007B/1254